HARCOURT

· TROFEOS ·

UN PROGRAMA DE LECTURA Y ARTES DEL LENGUAJE DE HARCOURT

TODOS JUNTOS

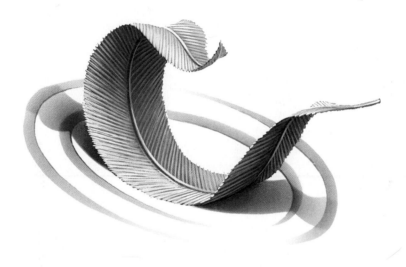

AUTORAS

Alma Flor Ada ◆ F. Isabel Campoy

Harcourt

Orlando   Boston   Dallas   Chicago   San Diego

Visita *The Learning Site*

www.harcourtschool.com

Acknowledgments appear in the back of this book.

Printed in the United States of America

ISBN 0-15-322658-7

2 3 4 5 6 7 8 9 10 048 10 09 08 07 06 05 04 03 02

Querido lector:

¡Los cuentos pueden ser sobre muchas cosas! Este libro tiene un misterio, un cuento sobre el futuro y una entrevista con un doctor de animales. También te lleva adentro de una colmena para ver lo que hacen las abejas atareadas. ¡Hay tanto que leer y tanto que aprender! Disfruta **Todos juntos** con estos cuentos especiales.

Sinceramente,

Las autoras

Las autoras

¡Hola, vecino!

CONTENIDO

Superlibros

Día de calor
Nicki Weiss

Eva y la zorra
Mem Fox
ilustrado por Patricia Mullins

Libros decodificables 19-26

LIBRO DECODIFICABLE 19

¡Hola, vecino!

El poder de las palabras

Palabras para recordar

intenta

quería

siguiente

sabía

nuestro

algo

cuatro

además

Lucas **quería** decir **algo**. Nadie lo **sabía**
aún. Lucas lo **intenta** una y otra vez.
Pero al día **siguiente**, ya todos lo saben.
—Y **además**, tu cama será **nuestro** hogar
—le dicen los **cuatro** gatitos.

Autora e
ilustradora
premiada

Género

Ficción realista

Los cuentos de
ficción realista son
fantásticos, pero
podrían ocurrir en la
vida real.

Busca

- cosas que podrían
  ocurrir realmente.

- personajes que
  actúen como
  personas que tú
  conoces.

Gatos en la cama

por Holly Keller

11

Clea es el gato de Lucas. Es suave como la seda. Clea duerme en la cama de Lucas. Eso le gusta mucho a Lucas.

Cuando Lucas cruza los pies bajo la colcha, Clea salta. **¡Paf!** Cuando Lucas agita los dedos de los pies bajo la sábana, Clea intenta cazarlos. **¡Zas!**

Cuando Lucas le rasca el lomo, Clea ronronea. **¡Rrrrrrrrr!**
Cuando Lucas duerme, Clea también duerme.

Una noche Lucas tuvo una pesadilla. Buscó
a Clea, pero no estaba dormida en su cama.

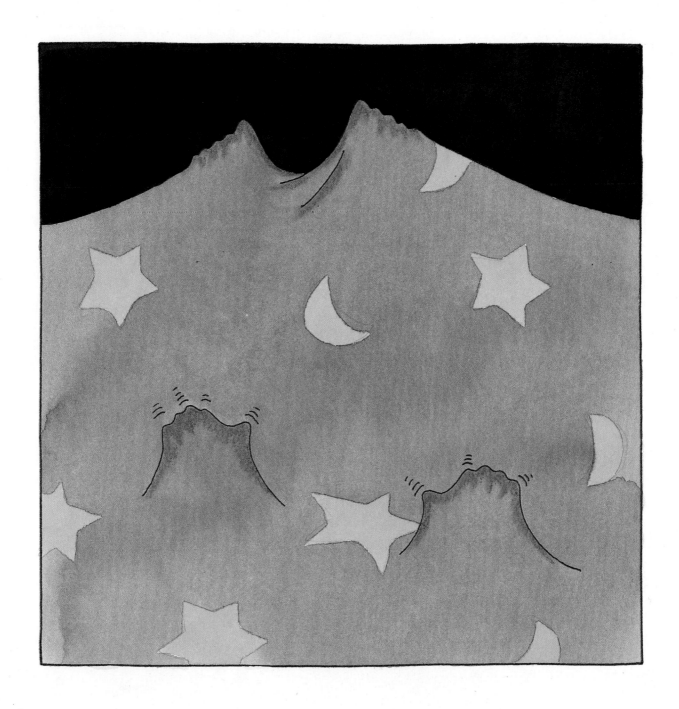

Cuando cruzó los pies, Clea no saltó.
Cuando agitó los dedos de los pies, Clea no
intentó cazarlos. Lucas quería rascarle el
lomo, pero Clea no estaba.

Al día siguiente, Clea no estaba en la cama
de Lucas. Tampoco estaba debajo de la
cama. Lucas no sabía dónde estaba Clea.

—Debes buscarla —dijo mamá.

—Te ayudaremos —dijo papá.

—Ya volverá cuando tenga hambre —declaró
la abuelita.

Lucas buscó a Clea en la casa.

Mamá buscó a Clea en el jardín.

Papá buscó a Clea en la basura.

Abuelita buscó a Clea en las ramas del árbol.

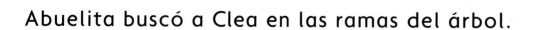

Clea no volvió a casa. Lucas estaba
muy apenado. Estaba a punto de llorar.
"Clea, ven a casa por favor", pensaba
Lucas suspirando.

—¡Debemos poner un aviso en el periódico!

—concluyó papá—. ¿Qué decimos?

—Puedes escribir: "Hemos perdido a nuestro gato,

Clea. Si lo encontró, llámenos" —dijo Lucas—.

Y luego das el número de teléfono y describes a Clea.

Nadie llamó. Nadie la encontró. Clea
no volvió a casa. Pasaron días e incluso
semanas.

Hasta que una noche Lucas creyó sentir algo
en la cama. Cruzó los pies bajo la colcha.
¡Paf! ¡Pif! ¡Paf! ¡Pif! ¡Paf!

Agitó los dedos de los pies bajo la sábana.
¡Zas! ¡Zis! ¡Zas! ¡Zis! ¡Zas!
Lucas se sentó en la cama.

Ahí estaba Clea, ¡con cuatro gatitos!
—¡Clea volvió a casa! —exclamó Lucas—.
Vengan, ya se aclaró todo.
Mamá, papá y la abuelita llegaron
rápidamente.

Ahora Lucas tiene una cama llena de gatos y eso le gusta mucho. Tienen el pelo suave como la seda. Además, son muy divertidos.

**¡Pif! ¡Paf!
¡Zas! ¡Zis!
¡Rrrrrrrr!**

Reflexionar y responder

1 ¿Dónde pensabas que se había escondido Clea?

2 ¿Qué palabras usa el autor para describir cómo se siente Lucas? ¿Cuáles son?

3 ¿Qué harías si tu mascota un día no está?

4 ¿Cómo cambiaría el cuento si al final Clea no vuelve?

5 ¿Cómo hace el autor para que el final sea una sorpresa?

Holly Keller

Algunas de las ideas de Holly Keller para este cuento surgieron de cosas que sus hijos hacían.
Cuando sus hijos Corey y Jesse eran pequeños, ellos no podían dormir sin sus animales de peluche favoritos. Los animales de peluche favoritos de Corey eran una gata y sus gatitos, tal como lo es Clea en el cuento.

Lectura en voz alta
Género: Poesía

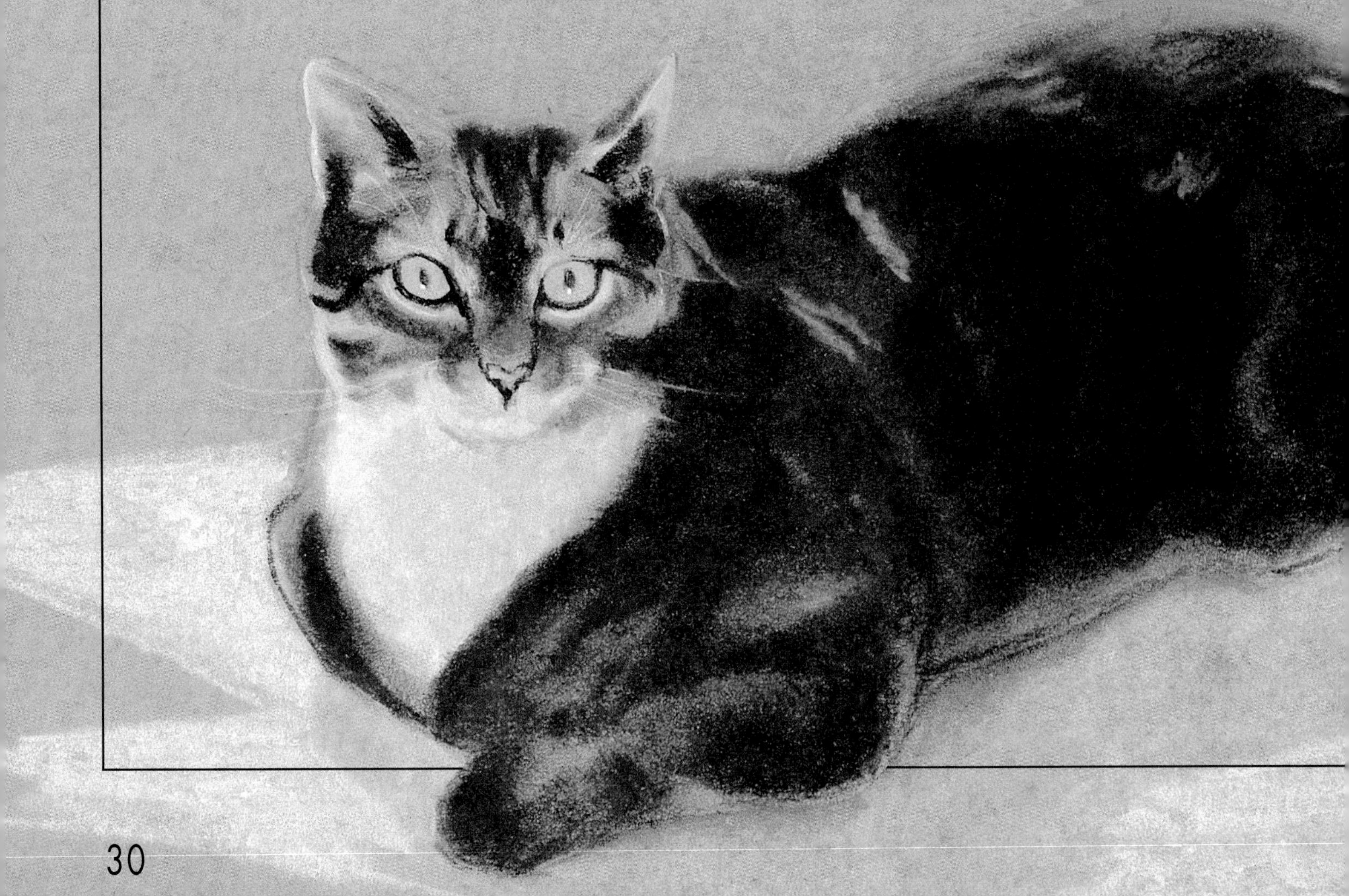

Mi gato

Sale mi gato,
   se pierde de vista
y nadie puede
   seguirle la pista.
Sale mi gato
   sabe donde va,
nunca sabemos
   cuándo volverá.

por Marchette Chute
ilustrado por Ed Young

Hacer conexiones

Un libro de mascotas

Elige una mascota que te gustaría tener. Dibújala y escribe algo sobre ella. Reúne tu trabajo con el de tus compañeros para armar un libro.

CONEXIÓN con la Escritura

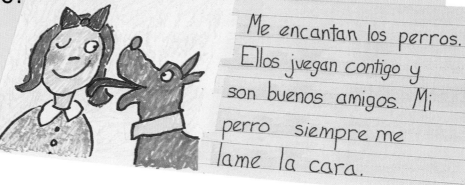

Me encantan los perros.
Ellos juegan contigo y
son buenos amigos. Mi
perro siempre me
lame la cara.

¿Cuántos gatos hay?

Lucas tiene muchos gatos. ¿Cuántos gatos tiene en total si cuentas a Clea y los cuatro gatitos? Haz un problema de matemáticas. Comparte tu trabajo.

$$1 + 4 = 5$$

Cuido de mascotas

Habla acerca de todas las necesidades de una mascota. ¿Qué alimentos debes darle? ¿Qué puedes hacer para que crezca saludable? Haz un cartel.

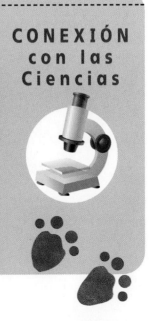

33

Orden alfabético

Es muy importante saber el orden alfabético de las letras. En el diccionario, las palabras están en orden alfabético. Muchas listas de nombres o cosas están en orden alfabético. Estos son los nombres de los personajes de *Gatos en la cama*. Escríbelos en orden alfabético. Usa la primera letra de cada palabra para ordenarlos alfabéticamente.

Papá   Lucas   Mamá

Preparación para la prueba

Orden alfabético

1. **¿Cuáles son los nombres que están en orden alfabético?**
   - ○ Juan, Carmen, Felipe
   - ○ Felipe, Juan, Carmen
   - ○ Carmen, Felipe, Juan

2. **¿Cuáles son los nombres que están en orden alfabético?**
   - ○ Susana, Tobi, Kim
   - ○ Kim, Susana, Tobi
   - ○ Tobi, Kim, Susana

Sugerencia

Para ordenar las palabras alfabéticamente, recuerda que debes usar la primera letra de cada palabra.

El poder de las palabras

Palabras para recordar

cuarto

parece

así

piensa

especial

igual

Mi país es un lugar muy **especial**. Mi **cuarto** también lo es. **Igual** que el tuyo. ¿No te **parece**? **Así piensa** mucha gente.

37

No ficción

A veces en un relato de no ficción, el autor usa un personaje para dar información.

Busca

- un personaje que comparta información.

- información sobre mapas.

38

EN EL MAPA

por Joan Sweeney

ilustrado por
Annette Cable

Me presento: ésta soy yo.
Ésta soy yo en mi cuarto.

Éste es un mapa de mi cuarto.

Ésta soy yo en el mapa de mi cuarto.

Ésta es mi casa.

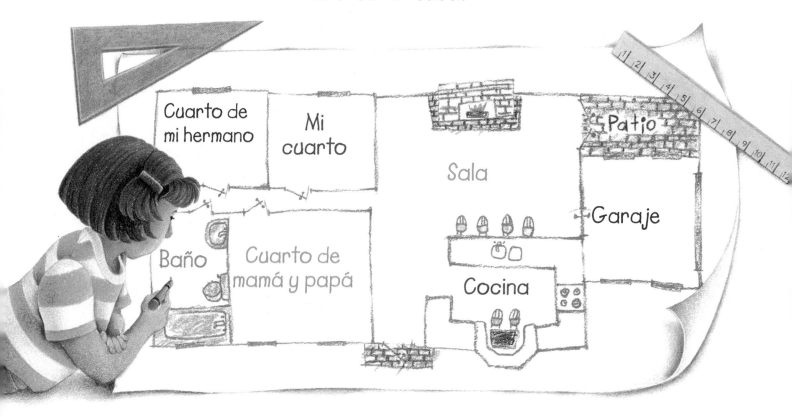

Éste es un mapa de mi casa.

Éste es mi cuarto en el mapa de mi casa.

Ésta es mi calle.

Éste es un mapa de mi calle.
Ésta es mi casa en el mapa de mi calle.

Ésta es mi ciudad.

Éste es un mapa de mi ciudad.

Ésta es mi calle en el mapa de mi ciudad.

Éste es mi estado.

Éste es un mapa de mi estado.

Ésta es mi ciudad en el mapa de mi estado.

Éste es mi país: Estados Unidos de América.

Éste es un mapa de mi país.

Éste es mi estado en el
mapa de mi país.

Éste es mi planeta. Se llama Tierra.
Parece una bola gigante.
Si pudieras desplegar el planeta
sobre una superficie plana . . .

. . . la Tierra se vería aproximadamente así, como este mapa.

OUR WORLD

EUROPE

ASIA

NORTH
AMERICA

AFRICA

SOUTH
AMERICA

AUSTRALIA

ANTARCTICA

Éste es mi país en el mapa del mundo.

Y esto es lo que hago para encontrar en el mapa el lugar donde vivo. Primero miro el mapa del mundo y busco mi país.

Luego, miro el mapa de mi país y busco mi estado.
Luego, miro el mapa de mi estado y busco mi ciudad.

Luego, miro el mapa
de mi ciudad y busco
mi calle.

Y en mi calle busco
mi casa.

Y en mi casa busco mi cuarto.
¡Y en mi cuarto estoy yo!
No es complicado, ¿no?
Piensa que . . .

55

. . . en cuartos, en casas, en calles, en
ciudades, en países de todo el planeta,
cada persona tiene su lugar especial
en el mapa.

Igual que yo.
Igual que yo en el mapa.

Reflexionar y responder

1. ¿Qué has aprendido al leer este cuento?

2. ¿Qué información te dan los dibujos y las palabras?

3. ¿Crees que los mapas son importantes? Explica tu respuesta.

4. ¿Cómo puedes usar este cuento para hacer tu propio mapa?

5. ¿Ha cambiado tu manera de pensar sobre el lugar donde vives luego de leer el cuento?

Conoce a la autora
Joan Sweeney

Joan Sweeney escribió *Yo en el mapa* para que los niños sepan qué es un mapa. Ella también ha escrito tres libros más: uno sobre el cuerpo humano, uno acerca del espacio y otro sobre las familias.

Visita *The Learning Site*
www.harcourtschool.com

Joan Sweeney

Conoce la ilustradora
Annette Cable

Cuando Annette Cable tenía tu edad, se expresaba haciendo un dibujo. Para dibujar los mapas de *Yo en el mapa* ella usó mapas verdaderos. Ella dedicó mucho tiempo a dibujar los mapas porque quería que estuvieran perfectos.

61

Hacer conexiones

¡Tú en el mapa!

Dibuja el mapa de un lugar que conozcas bien. Muestra tu mapa a la clase. Explica por qué elegiste ese lugar.

CONEXIÓN con Estudios sociales

Cuarto de mi hermano

Mi cuarto

Sala

Patio

Garaje

Baño

Cuarto de mamá y papá

Cocina

Un lugar para visitar

Busca en un mapa o en un globo terráqueo un lugar que te gustaría visitar. Dibuja cómo te imaginas que es el lugar. Escribe algo sobre ese lugar.

Tu estado y tus vecinos

Busca el estado en que vives en un mapa. Responde las siguientes preguntas con tus compañeros.

- ¿Cuántos estados vecinos tiene el estado en que vives?
- ¿Estás junto a México o Canadá?

Clasificar/Categorizar

Destreza de enfoque

Si observas en qué se parecen o diferencian las cosas, podrás entender mejor lo que lees. Observa las siguientes fotos de *Yo en el mapa*.

- ¿Qué muestra cada foto?
- ¿En qué se parecen estas fotos?

Ahora lee las siguientes palabras del cuento. Di en qué se parecen.

| estado | país | ciudad |

64

Preparación para la prueba

Clasificar/Categorizar

1. ¿En qué se parecen estas cosas?

maíz   frijoles   duraznos

○ Los tres son animales.

○ Se pueden comer.

○ Son lugares para vivir.

2. ¿En qué se parecen estas cosas?

rana   conejo   cerdo

○ Los tres son juegos.

○ Son lugares para vivir.

○ Los tres son animales.

Sugerencia

Lee las tres palabras e imagínatelas en tu mente antes de contestar.

El poder de las palabras

Palabras para recordar

años

sólo

persona

fríos

hierba

familia

diferentes

Hay muchas casas **diferentes**. En algunas vive **sólo** una **persona**. En otras vive más de una **familia**. Hay casas hechas con **hierba**, y casas hechas para lugares **fríos**. También hay casas que duran muchos **años**.

67

CASAS EN TODO EL MUNDO

por Lucy Floyd

Todos necesitamos un lugar donde vivir.
Una casa es un lugar seguro donde podemos
descansar. Todos necesitamos una casa.

Hay casas grandes y
casas pequeñas. Algunas
son altas y estrechas.
Otras son bajas y anchas.

¿Qué casa te gusta más?

71

Algunas casas son nuevas.
Otras se construyeron hace
muchos años.

En algunas casas viven sólo una persona o dos. ¡En los edificios de apartamentos viven muchas personas!

Las casas son diferentes en distintos lugares del mundo. En lugares cálidos, las casas protegen del sol y dejan entrar el aire.

En lugares fríos, las casas protegen
del viento y la nieve. Estas casas ayudan
a la gente a conservar el calor.

La gente construye sus casas con lo que hay a su alrededor. La gente utiliza árboles, ramas, barro, rocas o hierba.

¡Hay casas hechas con trapos, pelo de animales y grandes trozos de hielo!

Esto es un tipi. Está hecho con piel de animales. Las tribus de cazadores vivían en tipis. Ellos necesitaban una casa fácil de transportar cuando iban de caza.

También hay gente que construyó casas más permanentes. En algunas vivía sólo una familia. Otras eran compartidas por muchas personas.

En lugares cálidos, la gente usa el
calor del sol para hacer ladrillos de barro.
Luego levantan sólidas casas de ladrillos.

Muy al norte, las casas se construyen
con grandes trozos de hielo. Todavía hoy se
usan durante la época de caza.

También se han hecho otros tipos de casas.

Algunas personas construyeron casas con tierra y hierba. Las llamaban casas de tepe. ¿Qué crees que pasaba cuando llovía?

Hoy algunas casas son igual que en el pasado. En el desierto hay quienes viven en tiendas de campaña. Otros construyen casas con ladrillos de barro. El sol y la arena no pasan a través de los anchos muros.

Esta casa se construyó sobre pilotes.
Gracias a los pilotes, la casa está siempre por
encima del agua.

¡Algunas personas viven en casas flotantes! Esta clase de barco es un junco. Los juncos son como casas flotantes. Todavía hay gente que vive en juncos.

A muchos les gusta vivir en un barco.

Ésta es una casa rodante. Sirve para ir
de un lugar a otro, pero también para
quedarse en un solo lugar. Adentro
encontrarás todo lo que hay en una casa.

¡Qué casas tan diferentes hay en el mundo!

¿Cuál te gusta más?
¿En cuál te gustaría
vivir?

89

REFLEXIONAR Y RESPONDER

1 ¿Cuál es la idea principal de este artículo?

2 ¿Por qué crees que el artículo tiene fotos en lugar de ilustraciones?

3 ¿Por qué crees que es una buena idea que la gente construya sus casas con los elementos que encuentran a su alrededor?

4 ¿Por qué el tipi era una buena solución para los indígenas que se mudaban de lugar a menudo?

5 ¿En cuál de las casas del artículo te gustaría vivir? ¿Por qué?

Conoce a la autora

LUCY FLOYD

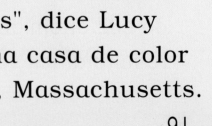

Lucy Floyd era maestra. Cuando estaba escribiendo *Casas en todo el mundo*, pensó mucho en cómo a todos los niños les gusta hacer casas de cartón. "Las casas son algo muy interesante. Pueden ser de formas y colores muy diferentes", dice Lucy Floyd. Ella vive en una casa de color rosado en Cambridge, Massachusetts.

91

Vivo en un

El zorro vive en un agujero en la tierra. Este fenec vive en el desierto. Para no pasar calor se queda casi todo el día bajo tierra.

Los cachorros del puma viven en un agujero en la roca. Su pelaje manchado es igual que la roca. Así están a salvo de sus enemigos, pues resulta difícil verlos.

agujero

La lechuza vive en un agujero en un árbol. Esta lechuza está atenta a quien toma la foto. Pasa el día durmiendo en su agujero. Durante la noche caza ardillas.

El oso polar vive en un agujero en la nieve. La mamá osa cava un agujero cuando van a nacer sus crías. Así no pasan frío. Las paredes de nieve los protegen de los vientos helados.

Hacer conexiones

Casas de sueño

¿Cómo sería la casa en la que te gustaría vivir? Dibújala y escribe algo sobre ella. Muestra tu trabajo a la clase.

CONEXIÓN con la Escritura

Mi casa sería un castillo.

Construir una casa

Construye una pequeña casa. Puede ser como alguna de las que has visto en el artículo. Coméntalo.

CONEXIÓN con el Arte

De arcilla a ladrillo

Mucha gente hace ladrillos dejando al sol la arcilla. Mezcla un poco de agua y arcilla, u otro tipo de tierra. Forma un ladrillo y deja que se seque. ¿Qué ocurre?

CONEXIÓN con las Ciencias

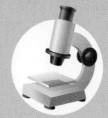

Clasificar/Categorizar

Destreza de enfoque

Cuando leas, piensa en las semejanzas y diferencias de lo que lees. Esto te ayudará a entender mejor la lectura.

Observa estas cuatro fotografías de *Casas en todo el mundo*. ¿En qué se parecen?

Visita *The Learning Site*
www.harcourtschool.com
Ve Destrezas y Actividades

Preparación para la prueba

Clasificar/Categorizar

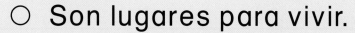

Lee estos tres grupos de palabras:

un edificio de departamentos

un granero rojo

una tienda de campamento

¿En qué se parecen estas cosas?

○ Son lugares para vivir.

○ Están construidos con ladrillos.

○ Son casas flotantes.

Sugerencia

Lee con atención los grupos de palabras antes de responder. Usa lo que has aprendido ya para responder la pregunta.

97

El poder de las palabras

Palabras para recordar

tiempo

tenía

cocinar

frente

sitio

viajar

daría

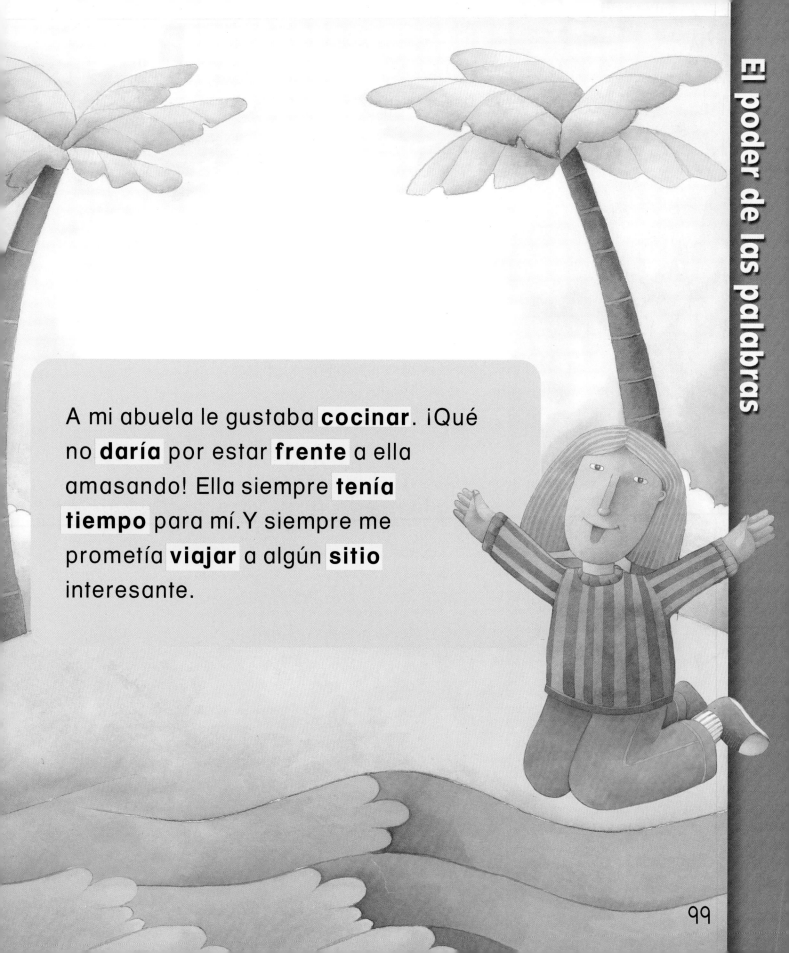

A mi abuela le gustaba **cocinar**. ¡Qué no **daría** por estar **frente** a ella amasando! Ella siempre **tenía tiempo** para mí. Y siempre me prometía **viajar** a algún **sitio** interesante.

Género

Ficción

En un relato de ficción, el autor puede contar un cuento mediante el diálogo, o sea, lo que se dicen los personajes.

Busca

- información que un personaje le diga a otro personaje.

- pistas de las ideas de los personajes en las palabras y dibujos.

Cuéntame un cuento

por Alma Flor Ada

ilustrado por Gerardo Suzán

—Cuéntame un cuento, Abuelita —dijo
Camila—. Cuéntame un cuento de hace
mucho tiempo.

—¿Qué quieres que te cuente? ¿Quieres
que te cuente sobre cuando tu padre era
un niño?

—No, Abuelita. Cuéntame de cuando tú
eras una niña.

–Te contaré, Camilita. Cuando yo era chica, mi familia no tenía carro. No íbamos en auto. Caminábamos.

—Y, ¿no te cansabas, Abuelita? ¿Te parabas
a menudo?

—Era estupendo. Nos gustaba caminar.

—Cuéntame más, Abuelita.

—Entonces no había muchas de las cosas que hay hoy. Por ejemplo, usábamos carbón para cocinar.

—¿Cocinaban siempre con carbón, Abuelita?

—Sí, claro que sí, Camila. Había que cocinar
todos los días. Y lo que se usaba era carbón.

—Mis amigas y yo nos divertíamos mucho.
Jugábamos al **frente** de la casa.
Saltábamos la cuerda en la acera.

—¿Por qué jugaban frente a la casa, Abuelita?

—Porque era el mejor sitio para jugar, Camila.

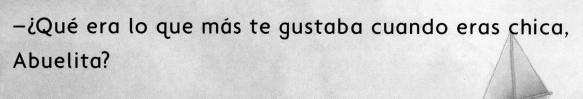

—¿Qué era lo que más te gustaba cuando eras chica, Abuelita?

—Me encantaba volar papalotes. En los días de viento los papalotes volaban tan altos que era difícil verlos. Yo dejaba que mis sueños volaran con los papalotes.

—¡Me imagino todos los papalotes! Yo también
dejaría volar mis sueños con los papalotes.

—Lo que más me gustaba de todo, era el
río detrás de la casa de mi abuelita.

—¿El río, Abuelita? ¿Por qué te gustaba el
río?

—Junto al río había un árbol enorme. Me
gustaba sentarme en una rama y mirar
hacia abajo. Veía patos, peces y ranas
toro. Siempre quería ver un cocodrilo, pero
nunca vi ninguno.

—¿Ranas toro? Y, ¿no te asustaban, Abuelita?

—¡Oh, no, Camila! Era muy divertido. Me
encantaba el río.

—Hacía barquitos de papel y los echaba a la
corriente. Me imaginaba que llegaban a una
isla hermosa. Me hubiera gustado viajar en
ellos. Me hubiera gustado navegar hasta el mar.

—¿No tenías miedo, Abuelita?

—No, Camilita, no tenía ningún miedo.

—Me gustaría navegar contigo, Abuelita.
Y no me daría nadita de miedo.

Creo que navegaremos algún día, Camilita.
Algún día navegaremos.

Reflexionar y responder

1. ¿Qué le cuenta Abuelita a Camila?

2. Para cada una de las cosas que cuenta Abuelita hay dos ilustraciones. ¿En qué se diferencian las ilustraciones?

3. ¿Cómo viajaba Abuelita cuando era joven?

4. ¿Tú crees que a Camila le gusta oír los cuentos de Abuelita? ¿Cómo lo sabes?

5. ¿Qué cuento de Abuelita te gustó más? ¿Por qué?

Conoce a la autora

Alma Flor Ada

En la familia de Alma Flor Ada, a todos les gusta contar cuentos. Cuando ella era pequeña , su padre, sus tíos y su abuela le contaban historias maravillosas. Alma Flor Ada escribió *Cuéntame un cuento* basándose en su propia nieta, Camila. Cada vez que su nieta la visita le dice: "¡Cuéntame un cuento Abuelita!"

"A mi nieta le gustan las historias verdaderas", dice Alma Flor Ada, "y como no tengo muchas fotos de mi infancia, contarle cuentos es una manera de acordarme de cuando yo era niña. ¡Me pregunto qué pensará Camila cuando le cuento mis historias!"

Conoce al ilustrador
Gerardo Suzán

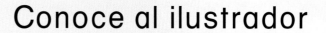

Gerardo Suzán nació en la Ciudad de México, México. Hoy vive en Torreón, cerca del desierto donde vivieron sus antepasados hace muchos años. Gerardo Suzán ha ilustrado más de cincuenta libros para niños. Él dice, "a mí me gusta el cielo azul con un sol brillante y los incluyo en mis ilustraciones cuando es posible."

G. Suzán

Hacer conexiones

Tu historia familiar

Pide a tus padres o uno de tus abuelos que te cuenten algo acerca de cuando ellos eran pequeños. Compara lo que te cuentan con tu vida ahora. Comenta esto con tus compañeros.

Conexión con los Estudios sociales

A navegar

¿A dónde crees que irán a navegar Camila y Abuelita? Haz un dibujo y escribe un cuento sobre este viaje. Reúnan lo que todos escriban en un libro de la clase.

Conexión con la Escritura

Navegando con Abuelita

Ranas toro

¿Cómo se imagina Camila que son las ranas toro? Busca información sobre las ranas toro. Comenta a la clase lo que encuentres.

Conexión con la ciencia y la tecnología

Orden alfabético

A B C D E F G H I J K

Has leído cuentos de Holly Keller, Lucy Floyd y Alma Flor Ada. En la biblioteca, estos libros están ordenados alfabéticamente. Escribe sus apellidos en orden alfabético.

L M N O P Q R S T U V W X Y Z

Keller, Holly

Floyd, Lucy

Ada, Alma Flor

Visita *The Learning Site*
www.harcourtschool.com
Ve Destrezas y Actividades

Preparación para la prueba

Orden alfabético

1. **Elige la lista de apellidos que están en orden alfabético.**
   - ○ Sánchez, Ling, Gorman
   - ○ Gorman, Ling, Sánchez
   - ○ Ling, Gorman, Sánchez

2. **Elige la lista de apellidos que están en orden alfabético.**
   - ○ Miller, Dorn, Wu
   - ○ Dorn, Miller, Wu
   - ○ Wu, Dorn, Miller

Sugerencia

Mira la primera letra de cada apellido. Luego busca las letras en un abecedario. Observa si el orden coincide.

ORDEN ALFABÉTICO

Destreza de enfoque

El poder de las palabras

Palabras para recordar

suenan

demasiado

cuidado

pero

ruido

casi

tampoco

Mi robot **tampoco** camina con **demasiado cuidado**. Cuando se mueve hace **ruido** y **suenan** las campanas. **Pero casi** nunca choca.

Género

Ciencia ficción

En un cuento de ciencia ficción pasan cosas que todavía no pueden pasar, pero que podrían pasar en el futuro.

Busca

- herramientas y máquinas diferentes de las que usamos hoy.

- cosas que sean iguales a las cosas de hoy.

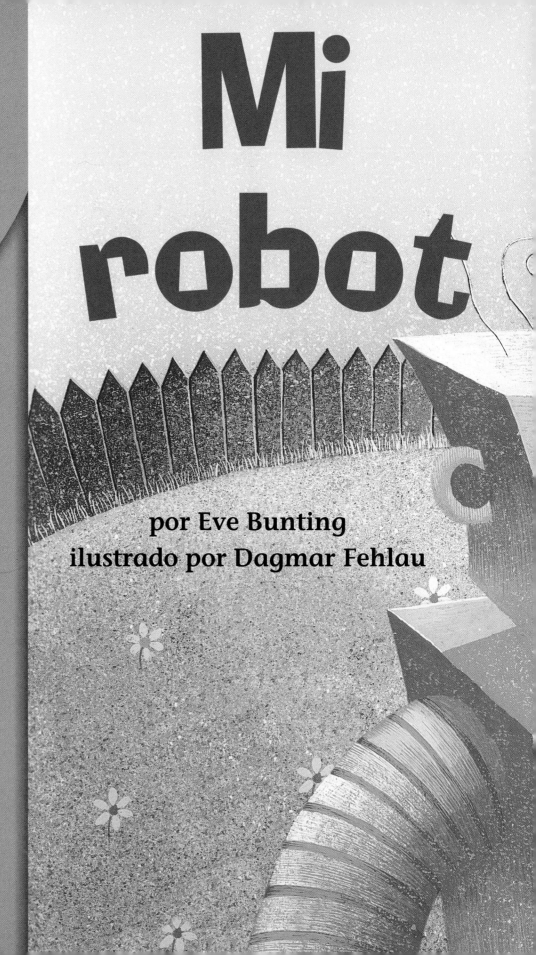

Mi robot

por Eve Bunting

ilustrado por Dagmar Fehlau

128

Para mi cumpleaños me regalaron un
robot. Se llama Bisagra. Desde que lo
tengo hacemos muchas cosas juntos.

Bisagra y yo jugamos con mis amigos
de la escuela. ¡RRRRR! ¡RRRRR! suenan
sus ruedas cuando intenta alcanzarnos.
A veces va demasiado rápido.

¡CRAC! ¡BUM!
Entonces Bisagra se choca contra la cerca.
—¡Cuidado con la cerca, Bisagra! —le
gritamos. Es muy divertido jugar juntos.
Pero eso no es lo mejor de mi robot.

Todos mis amigos de la escuela saben que
Bisagra es muy especial. Bisagra ayuda a
Don Andrés, el maestro de primer grado,
pero eso no es lo mejor de mi robot.

Bisagra dirige la banda de la escuela.
¡PORRÓM! ¡POM! ¡POM! Bisagra toca
el tambor.
—¡No saltes! ¡Ven! —le digo a Bisagra—.
¡Es un desfile!
Los niños de la banda desfilan alegres detrás de
Bisagra, pero eso no es lo mejor de mi robot.

Bisagra va a buscarme a la salida
de la escuela para llevarme a casa.
—¿Qué tal se ve desde ahí arriba?
—pregunta mi hermanito Pepe.
Pepe también regresa a casa con nosotros.

Bisagra hace monerías con nuestro perro.
Los dos juegan en el piso. ¡RRRRR! ¡ZZZZZ!
Les gusta levantar las patitas. ¡CROC! ¡BRRRR!
—Sacúdete, Tigre —dice Pepe.
—Sacúdete, Bisagra —le dice.
Bisagra y Tigre son amigos, pero eso no es lo
mejor de mi robot.

También jugamos a escondernos. Bisagra siempre nos busca. Nos da mucho tiempo para encontrar buenos escondites.

¡CLIN! ¡CLON! ¡Aquí viene Bisagra!
Hace tanto ruido que siempre sabemos dónde
está. Cuando logra encontrarnos silba.
¡PIIII! Nos gusta jugar a las escondidas con
Bisagra, pero eso no es lo mejor de mi robot.

Los pasteles que hace Bisagra son famosos.
Los decora con animales de la jungla.
Son tan bonitos que casi da pena comérselos.
—Bisagra, éste es el mejor pastel que has
hecho —dice Pepe.

138

—Los pasteles de Bisagra son fabulosos —le digo—.
Pero esto tampoco es lo mejor de mi robot.
—Mi estómago me dice que esto es lo mejor —
responde el glotón de Pepe.

Bisagra corta la hierba.
¡FIIII! ¡BRRRR!
Lo hace muy rápido. En los días muy
calurosos mi papá no pasa calor.

—Esto <u>es</u> lo mejor de Bisagra —dice
papá agradecido.

—Casi —le contesto—. Vengan, les
enseñaré otra cosa que sabe hacer
Bisagra.

—Miren mi cuarto —les digo,
dándole un abrazo a Bisagra—.
Lo arregla Bisagra todos los
días, pero esto tampoco es lo
mejor de mi robot.

—Gracias, Bisagra —le digo—. ¡Lo mejor de todo es que tú eres mi amigo!

¡ZZZZZ! ¡CLIC! ¡PIIII!
Pero Bisagra ya lo sabía.

Reflexionar y responder

1 ¿Qué hace el robot en este cuento?

2 Si tuvieras un robot, ¿qué te gustaría que hiciera?

3 ¿Cómo sabes que Bisagra es un buen amigo?

4 ¿Qué te dicen las ilustraciones acerca de cuándo ocurre la acción del cuento?

5 ¿Te gustaría vivir en la época en que transcurre el cuento? ¿Por qué?

Conoce a la autora

Eve Bunting

Queridos amigos:

Hace tiempo conocí un robot. Unos estudiantes lo habían construido con cartón. ¡Era un gran robot! Los niños de la clase se turnaban para llevarlo a casa por las noches.

Siempre quise tener un robot. Por eso escribí el cuento Mi robot. Me pone muy contenta poder compartirlo con ustedes.

Eve Bunting

Conoce a la ilustradora

Dagmar Fehlau

Queridos amigos:

Nací en Alemania y vine a Estados Unidos a estudiar arte. Siempre me gustó dibujar y pintar, y siempre supe que al ser grande me dedicaría al arte. Cuando terminé mis estudios comencé a hacer ilustraciones. Espero que les gusten los dibujos que hice para "Mi robot".

Dagmar Fehlau

Visita *The Learning Site*
www.harcourtschool.com

145

Lectura
en voz alta
Género: Artículo de revista

Una visita al zoológico de los robots

Si quieres averiguar cómo funciona el cuerpo de los animales, ven al zoológico de los robots. Aquí verás las máquinas que se han construido copiando a los animales. Cuando veas estos robots comprenderás cómo son los animales de verdad.

Muy arriba

El cuello de la jirafa es muy largo. Sin embargo, sólo tiene siete huesos, igual que los seres humanos. ¡Cada hueso mide un pie de largo! El robot jirafa tiene un armazón de metal que sostiene el cuello y un pistón que funciona como el fuerte músculo del cuello de la jirafa.

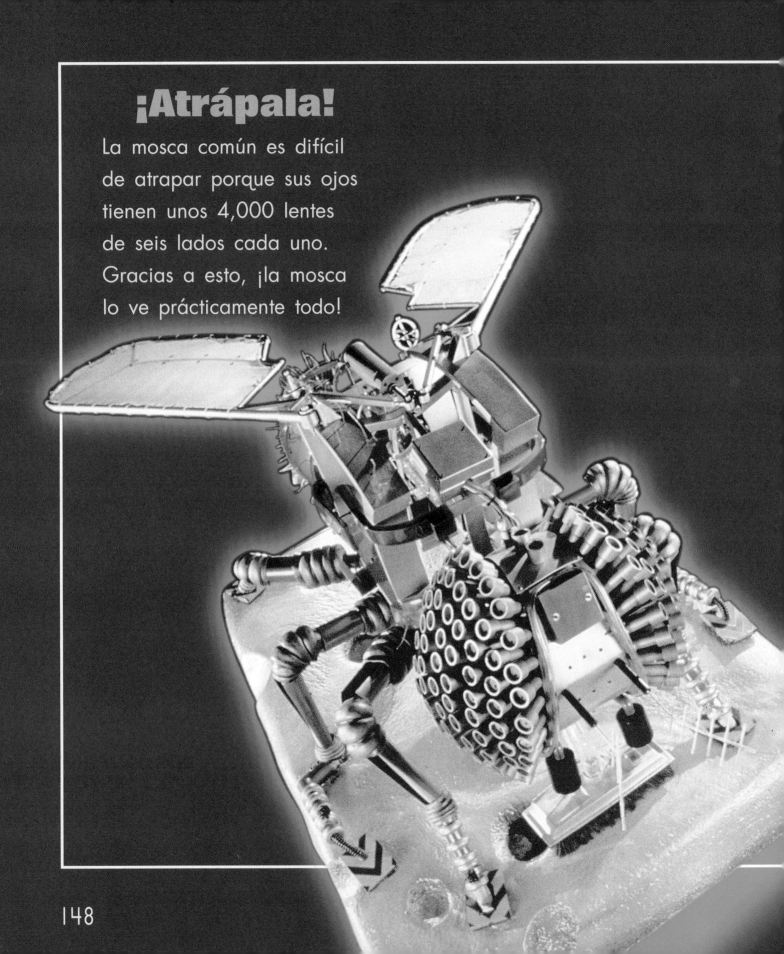

¡Atrápala!

La mosca común es difícil de atrapar porque sus ojos tienen unos 4,000 lentes de seis lados cada uno. Gracias a esto, ¡la mosca lo ve prácticamente todo!

Allá va

Los saltamontes saltan y también vuelan.
Los potentes resortes que tiene este robot
en las patas traseras funcionan igual
que los músculos de los saltamontes
de verdad. Con esos músculos los
saltamontes pueden dar grandes saltos.

Hacer conexiones

Marionetas de robots

Haz una marioneta de robot. En una obra de teatro muestra cómo te ayudaría un robot.

CONEXIÓN con el Arte

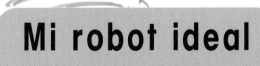

Mi robot ideal

Piensa en las cosas que te gustaría que el robot hiciera por ti. Escribe un cuento e ilústralo. Muestra tu trabajo a la clase.

CONEXIÓN con la Escritura

Mi robot juega conmigo.

Robots en el trabajo

Los robots reales ayudan a la gente a hacer trabajos difíciles. Busca información acerca de esos trabajos. Muestra lo que aprendiste.

CONEXIÓN con la ciencia y la tecnología

Sílabas *gra, gre, gri, gro, gru* y *gla, gle, gli, glo, glu*

En este cuento has visto algunas palabras que incluyen las sílabas *gra, gre, gri, gro* o *gru* y *gla, gle, gli, glo* o *glu*. *Bisagra* y *jungla* son algunas de esas palabras. Éstas son algunas más:

gritamos	**glotón**
grado	**arregla**

Di las palabras en voz alta y luego escríbelas. Si lo deseas puedes usar tu Armapalabras.

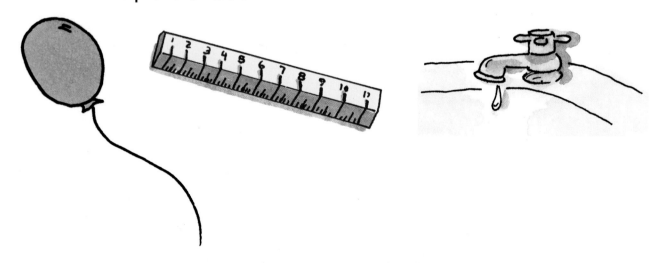

Preparación para la prueba

Sílabas *gra*, *gre*, *gri*, *gro*, *gru* y *gla*, *gle*, *gli*, *glo*, *glu*

1. ¿Cuáles son las palabras con *gr*?

| bisagra | globo | agrio |

2. ¿Cuáles son las palabras con *gl*?

| alegría | iglú | Gloria |

Sugerencia

Busca las palabras con *gr* o *gl*. Luego lee cada palabra en voz alta.

El poder de las palabras

Un día con la
Dra. Martha Smith

Palabras para recordar

Dra.

historia

después

limpios

ocurría

prometió

En esta **historia**, la **Dra**. Smith atiende animales. También se encarga de que estén **limpios**. Ella **prometió** avisarnos si algo **ocurría** con los animales. **Después** llamó con noticias de un gatito nuevo.

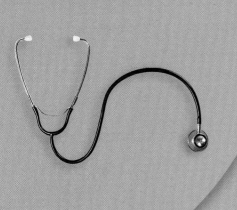

Género

No ficción

A veces un autor entrevista a una persona para compartir información.

Busca

- preguntas y respuestas.

- información sobre el trabajo de un veterinario en un hogar para animales.

Un día con la Dra. Martha Smith

escrito por Claire Daniel

fotografías por Rick Friedman

La 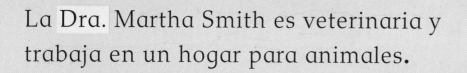 Dra. Martha Smith es veterinaria y trabaja en un hogar para animales.

Dra. Smith: ¡Hola! Hoy es un día muy interesante para visitarnos. Vamos a estar muy ocupados. Han llegado veinte animales nuevos.

159

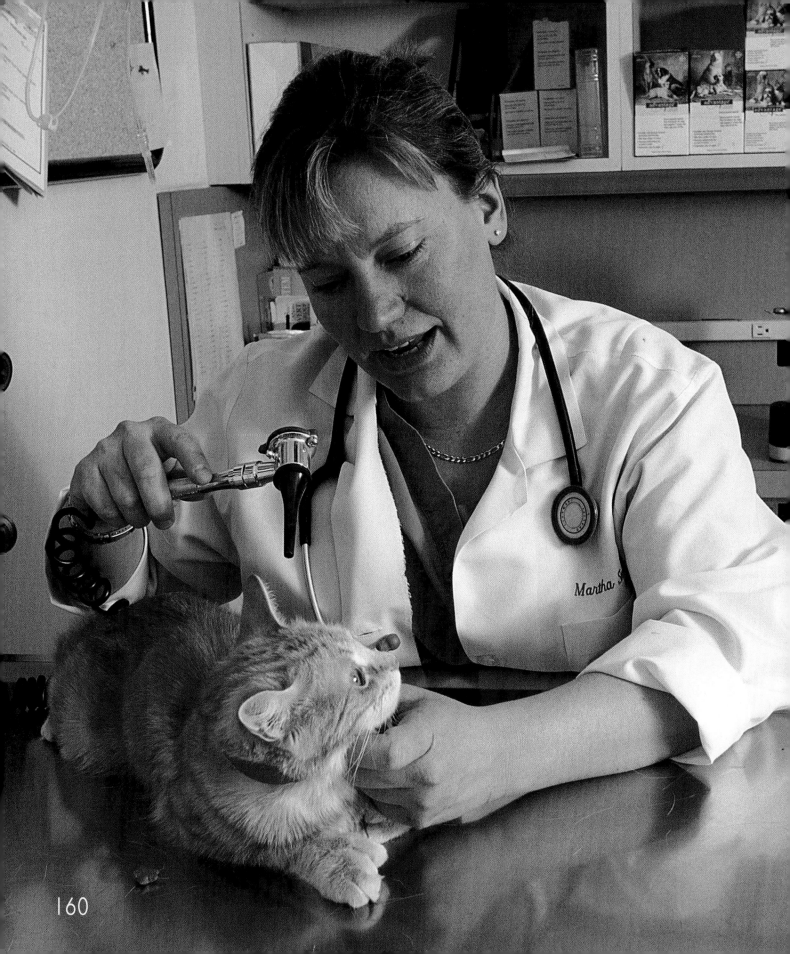

160

CD: ¿Qué es lo primero que hace?

Dra. Smith: Lo primero es comprobar si alguno de los animales nuevos está enfermo. Les miro los ojos y las orejas. A veces los inyecto. Ahora vamos a conocer a un gato especial.

161

CD: ¿Encontrará un hogar?

Dra. Smith: Ésta es su historia. ¿Qué le parece?

Flora

Yo estaba perdida. Un señor me encontró y me alimentó. Me trajo a este lugar.¿Me llevas a casa contigo? Soy una gata cariñosa.

Gracias,

Flora

Dra. Smith: Disfruto mucho con Flora, pero tengo que ver cómo están los demás animales.

La Dra. Smith oyó ladridos y fue a ver
qué ocurría.

Francisca, que también trabaja allí, entraba con dos perros. —Vamos, Dina. Vamos, Fredo —les dijo.

CD: ¿A dónde van estos perros?

Dra. Smith: Primero los bañaremos. Luego, los examinaré para ver si están sanos y los tendremos en observación un par de días.

CD: ¿Para qué?

Dra. Smith: Nos gusta ver cómo se comportan con las personas y con otros perros.

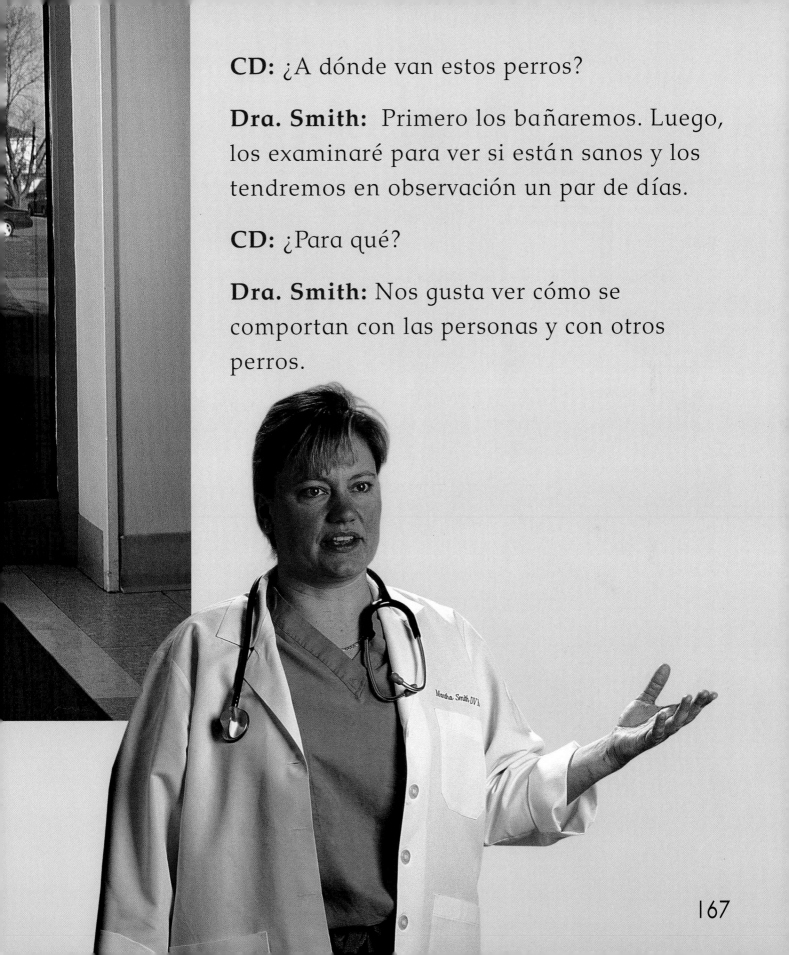

Por la tarde, y después de mucho frotar, Dina y Fredo ya estaban limpios. La Dra. Smith comprobó que ninguno tenía pulgas ni heridas.

Dra. Smith: Fredo está bien, pero Dina está enferma. La curaremos y en unas semanas estará totalmente recuperada. Dina y Fredo son unos perros francamente buenos. ¡Qué lástima que Dina esté enferma!

169

CD: ¿Qué animales son los más numerosos en el centro?

Dra. Smith: Sobre todo gatos. También nos llegan muchos perros y conejos.

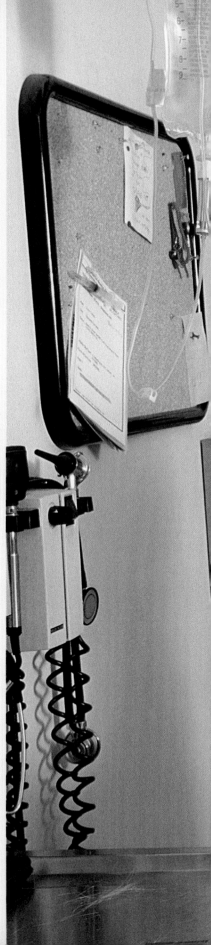

170

CD: ¿Por qué hay tantas mascotas en el centro? ¿Nadie los quiere?

Dra. Smith: A veces la gente descubre que no tiene tiempo para ocuparse de su mascota. Por eso, antes de decidirse a tener una, todos deben pensar si pueden dedicarle el tiempo necesario.

Ya eran las seis de la tarde. Le di las gracias a la Dra. Smith y ella prometió llamarme en ocho semanas para contarme cómo estaba Dina. Esto es lo que me contó.

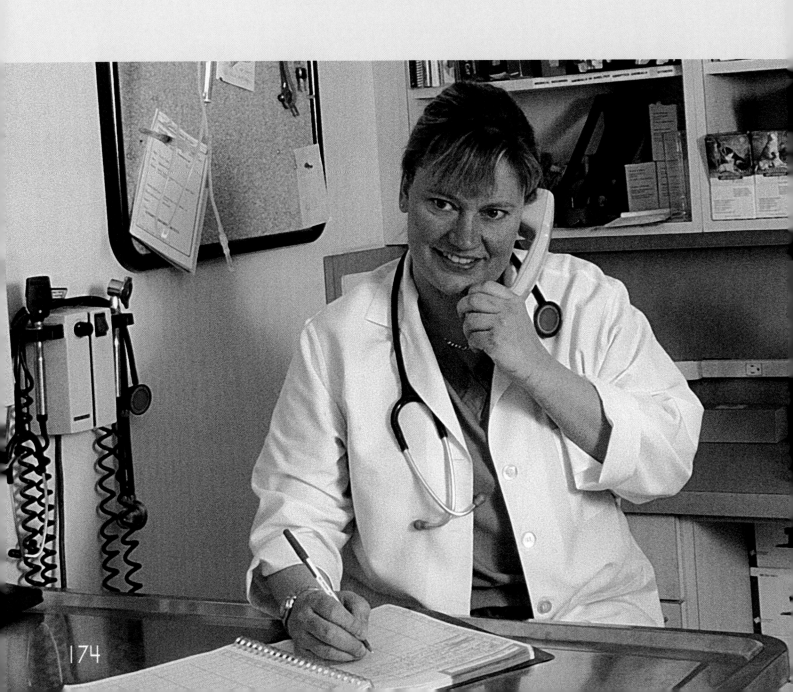

Dra. Smith: ¡Tengo buenas noticias! Un señor adoptó a Fredo dos días después de su visita.

CD: ¡Qué bien! ¿Y qué pasó con Flora?

Dra. Smith: Se la llevaron el mismo día que vino a visitarnos.

175

CD: ¿Cómo está Dina?

Dra. Smith: ¡Está mucho mejor! Tan saludable como Fredo, pero lo mejor no es eso. Llamó el dueño de Fredo porque quería otro perro. Le ofrecí a Dina. ¡Ahora podrán estar los dos juntos!

Reflexionar y responder

1. ¿Qué hace la Dra. Smith con los animales que atiende?

2. ¿Tú crees que la gata Flora pudo haber escrito esa nota? ¿Por qué?

3. ¿Tú crees que los perros estarán contentos en su nuevo hogar? ¿Por qué?

4. ¿Te gustaría ser veterinario? ¿Por qué?

5. ¿Cómo hace la autora para que la Dra. Smith cuente su historia?

Conoce a la autora

Claire Daniel

Las cosas favoritas de Claire Daniel son escribir, viajar, sacar fotografías y caminar con sus perros. Ella tiene dos perros labrador. Se llaman Gus y Oscar. ¡Una vez se llevó a Oscar a Italia por tres meses!

La Dra. Smith era la veterinaria de Oscar. Claire Daniel escribió un artículo de periódico acerca de la Dra. Smith. Ahora ella te ha ayudado a aprender acerca del trabajo de la Dra. Smith. La señora Daniel la extraña, pero sabe que su trabajo en el hogar es muy importante.

Claire Daniel

Hacer conexiones

Eres una mascota

Imagínate que eres un animal en el hogar de la Dra. Smith. Escribe una nota como la de la gata Flora.

CONEXIÓN con la Escritura

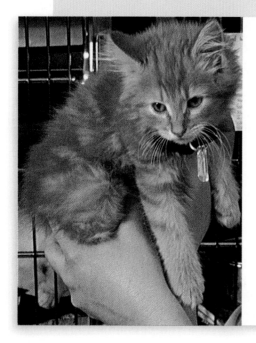

Flora

Yo estaba perdida. Un señor me encontró y me alimentó. Me trajo a este lugar. ¿Me llevas a casa contigo? Soy una gata cariñosa.

Gracias,

Flora

¿Cuántos animales hay?

Haz un problema de matemáticas como éste. Intercambia tu problema con un compañero.

La Dra. Smith atendió 8 gatos, 4 perros y un conejo. ¿Cuántos animales atendió en total?

8+4

Animales sanos

¿Qué le darías de comer a tu mascota?
Averigua qué comen un perro, un gato y otros animales para tener una vida sana.
Comparte lo que aprendiste.

Clasificar/Categorizar

Destreza
de
enfoque

Si observas en qué se parecen o diferencian las cosas, podrás entender mejor lo que lees. Esto es lo que hace la Dra. Martha Smith en su trabajo:

¿En qué se parecen cada una de estas tareas?

- revisa los ojos y los oídos
- los vacuna
- los baña

Preparación para la prueba

Clasificar/Categorizar

Lee las siguientes tareas.

- resolver problemas de matemáticas
- escribir cuentos
- leer libros

I. **¿En qué se parecen estas tareas?**

○ Son tareas que se hacen en la escuela.

○ Son tareas que se hacen en el parque.

○ Son tareas que se hacen en la playa.

Sugerencia

Lee con atención. Piensa en dónde se hacen cada una de esas tareas. Lee las respuestas con cuidado antes de responder.

El poder de las palabras

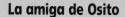
La amiga de Osito

Palabras para recordar

vio

lejos

abrió

mientras

adiós

vuelve

184

Osito **abrió** los ojos y **vio** el mar a lo **lejos**.

—**Adiós** —dijo Osito, **mientras** se iba.

—**Vuelve** a visitarme —le dijo su amiguita.

Ilustrador
premiado

Fantasía

Los personajes en un cuento de fantasía hacen cosas imposibles.

Busca

- **personas que les hablen a animales.**
- **animales con ropa.**

La amiga de Osito

Else Holmelund Minarik
ilustrado por Maurice Sendak

Osito y Emily

Osito se sentó en lo alto
de un gran árbol,
y miró el ancho mundo
que le rodeaba.

Vio las verdes colinas.

Vio el río.

Y muy, muy lejos,

vio el mar azul.

Vio la copa de los árboles.

Vio su casa y su aldea.

También vio a Mamá Osa.

Oyó el silbido del viento

y sintió el viento

sobre su piel, sobre sus ojos,

sobre su negro hocico.

Osito cerró los ojos,

y dejó que el viento lo acariciara.

Abrió los ojos

y vio a dos ardillas pequeñas.

—Juega con nosotras —le dijeron.

—No puedo —respondió Osito—.

Tengo que ir a comer a casa.

Empezó a bajar del árbol

y vio a cuatro pajaritos.

—¡Mira! Podemos volar

—dijeron revoloteando.

—Yo también puedo —dijo Osito
bromeando—. Pero siempre vuelo
hacia abajo. No puedo volar hacia
arriba ni de lado.

Bajó un poco más y vio a un
gusanito verde.

—¡Hola! —dijo el gusanito—.
Habla conmigo.

—Otro día —dijo Osito
olfateándolo—. Tengo que ir a comer.

Bajó hasta el suelo

y ahí vio a una niña.

—Creo que estoy perdida
—dijo la niña—.
¿Viste el río desde la
copa del árbol?

—¡Claro que sí! —dijo

Osito—. Vi el río.

¿Vives allí?

—Sí —dijo la niña—. Me

llamo Emily. Y ésta es mi

muñeca Lucy.

—Yo soy Osito y puedo llevarte
hasta el río. ¿Qué tienes en esa canasta?
—Galletas —dijo Emily—. Toma algunas.
—Gracias. Me encantan las galletas.
—A mí también —dijo Emily.

Caminaron juntos mientras comían
las galletas y hablaban, y muy pronto
llegaron al río.
—Ya veo nuestra tienda —dijo Emily—.
Y también veo a mamá y a papá.

—Y yo oigo a mi mamá que me
llama —dijo Osito—.
Tengo que ir a casa a comer.
¡Adiós, Emily!

—¡Adiós, Osito!

Vuelve para jugar conmigo.

—¡Volveré! —dijo Osito.

Osito fue a su casa dando saltitos.

Abrazó a Mamá Osa y le dijo:

—¿Sabes lo que hice?

—¿Qué hiciste, Osito?

—Me subí a un árbol alto y vi el ancho mundo. Bajé y vi a dos ardillas, cuatro pajaritos y un gusanito verde. Luego bajé del árbol y ¿qué crees que vi?

—¿Qué viste?

—Vi a una niña llamada Emily. Estaba perdida y la ayudé a regresar a su casa.
Y ahora tengo una nueva amiga.
¿Quién crees que es?

—El gusanito verde

—respondió Mamá Osa.

—No —dijo Osito

riéndose—. Es Emily.

Emily y yo somos amigos.

Reflexionar y responder

1 ¿Qué es lo que ve Osito desde el árbol?

2 ¿Qué es lo más importante que hace Osito en este cuento? ¿Qué más hace Osito?

3 ¿Te gustaría tener un amigo como Osito? ¿Por qué?

4 ¿Cómo sabes que Emily y Osito serán amigos?

5 ¿Qué dice el cuento acerca de Osito, su mamá y Emily?

Conoce a la autora

Else Holmelund Minarik

Else Holmelund Minarik tenía cuatro años cuando dejó Dinamarca junto a su familia para vivir en Estados Unidos. Cuando creció decidió ser maestra de primer grado. Comenzó a escribir cuentos infantiles porque no podía encontrar libros que le gustaran para leer a su clase.

Else Holmelund Minarik escribió cinco libros con el personaje de Osito. El cuento que has leído es parte de uno de esos libros.

Conoce al ilustrador

Maurice Sendak

Maurice Sendak creció en Brooklyn, en New York. Era el menor de tres hermanos. Él utiliza mucho sus recuerdos de infancia en sus libros e ilustraciones. Maurice Sendak es uno de los ilustradores de libros infantiles más famosos.

Visita *The Learning Site*
www.harcourtschool.com

Los osos

Oso revoltoso,
oso gordinflón,
los osos pardos,
¿de qué color son?
Le gusta la miel
que hace la abeja,
cuando ésta regresa
corriendo se aleja.

Le gustan los bosques
y también el río.
Soñando esperará
a que pase el frío.

por Charles Ghigna
ilustrado por Gabriel

Hacer conexiones

Buen vecino

Osito es un buen vecino. Con un compañero, representa una escena en la que un vecino ayuda a otro.

CONEXIÓN con Estudios sociales

¿Cuántos hay?

Osito vio dos ardillas, cuatro pájaros y un gusanito. Escribe esta suma. Dibuja todos los animales. Luego escribe cuántos animales viste en total.

CONEXIÓN con la Matemática

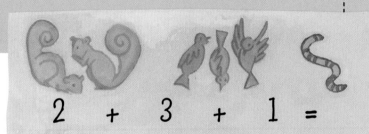

$$2 + 3 + 1 =$$

Campamento divertido

Emily y su familia se fueron a acampar junto al río. Escribe y dibuja acerca del campamento.

CONEXIÓN con la Escritura

Emily fue a pescar con su papá.

Orden alfabético

A B C Ch D E F G H I J K L Ll M N

Éstos son los tres animales que vio Osito.

pájaro

ardilla

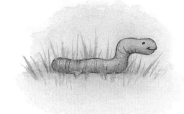

gusano

Escribe sus nombres en orden alfabético.
Si quieres saber más sobre estos
animales, puedes buscar información en
un libro sobre animales.

- Si quieres buscar la palabra *gusano*,
  ¿vas a mirar al principio o al final del libro?

- Si quieres buscar la palabra *pájaro*,
  ¿vas a mirar al principio o al final del libro?

Ñ O P Q R S T U V W X Y Z

Preparación para la prueba

Orden alfabético

1. ¿Cuál es el grupo de palabras que está en orden alfabético?

planeta	cometa	estrella
estrella	estrella	cometa
cometa	planeta	planeta
○	○	○

2. ¿Cuál es el grupo de palabras que está en orden alfabético?

río	lago	lago
mar	río	mar
lago	mar	río
○	○	○

Sugerencia

Lee con atención todas las palabras. Mira la primera letra de cada palabra. Luego, decide el orden en que van las palabras.

El poder de las palabras

Abeja Atareada

Palabras para recordar

vuela

cubierto

convierten

mueve

recién

bienvenida

baila

La abeja **recién** empieza su trabajo. Ella **vuela** sobre el campo **cubierto** de flores. La abeja **baila** y da la **bienvenida** a sus **nueve** amigas. Entre todas **convierten** el polen en miel.

Abeja

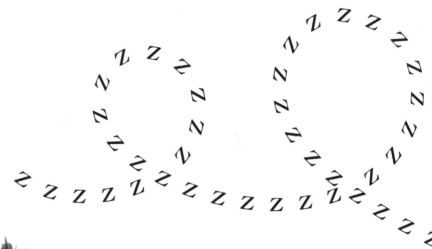

Narrativa de no ficción

En las narrativas de no ficción el autor da información sobre un tema.

Busca

- detalles sobre las abejas obreras.

- información sobre el desarrollo de las abejas.

- información en las ilustraciones.

Atareada

escrito por Karen Wallace

z z z z z z z z z z z z

Abeja Atareada tiene mucho
trabajo. Sale de la colmena y va
en busca de una flor. Las flores
proveen a la colmena de alimento.

Abeja Atareada vuela sobre un arroyo.Da un rodeo al árbol y llega a un prado. El prado está cubierto de flores silvestres.

Abeja Atareada se posa en una flor.

La flor tiene pequeñas gotas de néctar. Las abejas hacen miel con el néctar. El néctar y la miel son el alimento de las abejas.

Abeja Atareada recoge el néctar
con su larga lengua para
llevarlo a la colmena.

En cada flor hay granos de polen.
El polen de las flores también es
alimento para las abejas.
El polen se queda pegado al cuerpo
velludo de Abeja Atareada.

Lo llevará a la colmena en las patas traseras.

Abeja Atareada es una abeja obrera.

En la colmena hay miles como ella.
Todas las obreras son hembras.

En la colmena, Abeja Atareada agita
el cuerpo. Corretea en círculos.
Parece que bailara. Su danza indica
a las demás obreras dónde
encontrarán el néctar de las flores.

En la colmena, las abejas
construyen celdas.
Algunas son para la miel que
elaboran con el néctar.

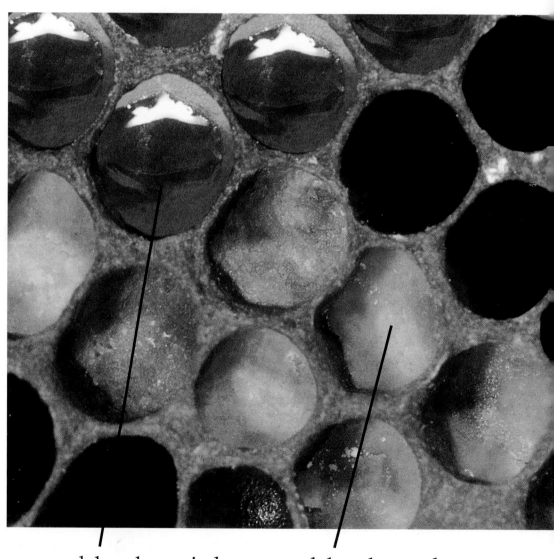

celda de miel   celda de polen

Algunas son para el polen
que han recolectado.
Otras son para los huevos
que pone la abeja reina.

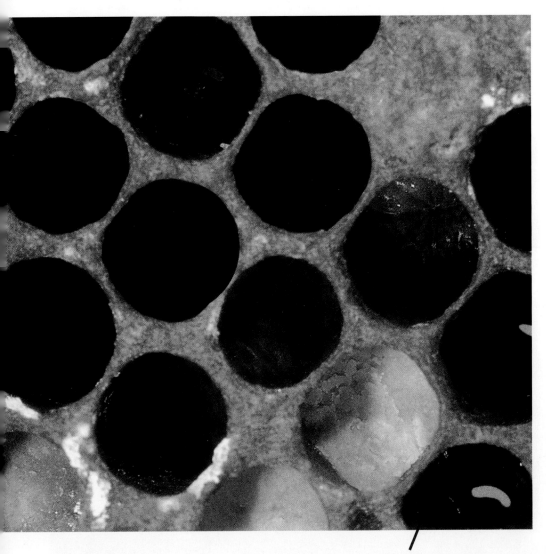

celda con un huevo

Abeja Atareada tiene mucho trabajo.
Primero alimenta a los zánganos.
Todos los zánganos son machos. Los
zánganos fecundan a la abeja reina.

Después, Abeja Atareada alimenta a la abeja reina. La abeja reina pone miles de huevos todos los días. En las celdas, los huevos se convierten en larvas.

Abeja Atareada y miles de obreras más alimentan a las larvas. Éstas comen polen mezclado con miel.

Abeja Atareada tiene mucho trabajo.
Todos los días debe alimentar a las
larvas. A los nueve días sella las
celdas con cera.

Dentro de su celda, las larvas se transforman. Les crecen patas y alas. También poseen una estrecha y larga lengua.

Las larvas tardan doce días en convertirse en abeja.

Salen de las celdas y esperan a que se sequen sus alas nuevas.

Abeja Atareada y miles de obreras más tocan a las recién nacidas con sus antenas. Dan la bienvenida a las nuevas abejas. Las alimentan con la miel de las celdas.

Abeja Atareada tiene mucho trabajo. ¡Cuánto comen las abejas jóvenes! ¿Dónde encontrará más néctar?

¿Dónde encontrará más polen?

239

¡Qué veo!
¡Una abeja que baila! En
su paseo encontró un
jardín en flor.

Agita el cuerpo.
Corretea en círculos.
Su contoneo le dice a
Abeja Atareada cómo
encontrar el jardín.

Abeja Atareada y miles de obreras
más salen de la colmena con un
rápido aleteo.

Han encontrado el jardín repleto de flores. Beben el néctar. Recolectan el polen. Abeja Atareada tiene mucho trabajo.

Reflexionar y responder

1. ¿Por qué la abeja está tan atareada?

2. ¿Cuál es la primera oración que usa el autor? ¿Qué quiere decir?

3. ¿En qué se parecen las abejas obreras?

4. ¿Qué pasa con los huevos después de que la abeja reina los pone?

5. ¿Qué es lo que te pareció más interesante del cuento? ¿Por qué?

Conoce a la autora

Karen Wallace

Karen Wallace creció en una cabaña de madera en los bosques de Quebec, en Canadá. A ella le encantaba treparse en los árboles y jugar por el río. Ahora Karen Wallace vive en Inglaterra y escribe libros. Ella dice, "la naturaleza trabaja de una manera maravillosa y fascinante. Lee sobre cómo viven las abejas y luego imagina cómo sería si fueras una abeja. ¿Qué verías? ¿Qué pensarías tú?"

Hacer conexiones

Abeja Atareada

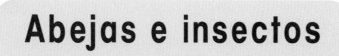

Abejas e insectos

Las abejas son insectos. Busca datos sobre otro insecto. ¿En qué se parece a una abeja? ¿En qué se direrencia? Comenta lo que aprendiste.

Alimentos sanos

Las abejas nos dan la miel. ¿Qué alimentos obtenemos de otros animales? Haz un cartel.

La nos da

La nos da

Un día atareado

Imagina que eres Abeja Atareada. Dibuja y escribe algo que hayas hecho hoy.

Le di la bienvenida a otras abejas.

Palabras con *ee* y *eo*

En el cuento *Abeja Atareada* has visto palabras con las letras *ee* y *eo*.

proveen	**rodeo**

Busca en el cuento otras palabras que tengan las letras *ee* y *eo*. Escríbelas en una hoja de papel. Si lo deseas, puedes usar tu Armapalabras.

Preparación para la prueba

Palabras con *ee* y *eo*

1. **¿Cuáles son las palabras con *ee*?**

| poseen | leen | paseo |

2. **¿Cuáles son las palabras con *eo*?**

| veo | creen | aleteo |

Sugerencia

Busca las palabras con *ee* o *eo*. Luego lee cada palabra en voz alta.

Sugerencias para la escritura

Las letras mayúsculas deben ser usadas sólo cuando sea necesario. Revisa tu escritura para estar seguro de que usas las letras mayúsculas en los lugares correctos.

Las letras mayúsculas se usan para:

- la primera palabra de una oración

  Tú eres un buen amigo.

- los nombres de personas y animales

  Me gusta jugar con Juan y su perro Canelo.

- lugares especiales

  Yo vivo en la calle Pera.

- días festivos

  Mi abuela viene el Día de Acción de Gracias.

calle Pera

Cada oración necesita un signo de puntuación. Revisa tu escritura para estar seguro de que usaste el correcto.

Sigue estas reglas para la puntuación.

Usa el **punto** al final de una oración que explica algo.

> Ésta es mi casa.

Usa **los signos de interrogación** al principio y al final de una oración que pregunta algo.

> ¿Dónde está el payaso?

Usa los **signos de exclamación** al principio y al final de una oración que muestre emoción.

> ¡Es el globo más grande que he visto en mi vida!

Las oraciones deben decir lo que de verdad quieres que otros conozcan. Revisa si necesitas añadir palabras para hacer tu escritura más interesante.

Encontré un perro.

Encontré un **perro grande** de color marrón.

Los amigos vinieron a mi fiesta.

Diez amigos vinieron a mi fiesta del té.

Ejemplos de escritura

Puedes usar estos ejemplos de escritura cuando necesites escribir algo especial.

Carta amistosa

7 de abril de 2003

Querido Esteban:

Hoy fue día de actividades al aire libre en la escuela. Hicimos carrera de relevos. Jugamos fútbol y balompié. Yo gané el primer lugar en el concurso de escalar la soga. ¡Nos divertimos mucho!

Tu amigo,
Rodney

Oraciones de instrucciones

Cómo dibujar un bote

Primero, dibuja un rectángulo.
Luego, dibuja un triángulo.
Entonces dibuja una línea.
¡Ahora tienes un velero!

Palabras para escribir

Personas

bebé

niño

doctora

niña

cartero

hombre

policía

maestro

mujer

Palabras para escribir

Días festivos

Día de Martin
Luther King, Jr.

Día de los
Enamorados

Día de los
Presidentes

Día de la Recordación

Día de la Independencia

Día del Trabajo

Día de la Raza

Día de Acción
de Gracias

Estaciones y clima

otoño

invierno

primavera

verano

lluvia

nieve

frío

calor

Glosario

¿Qué es un glosario?

El glosario te puede ayudar a leer una palabra. Puedes buscar la palabra y leerla en una oración. Algunas palabras tienen ilustraciones para ayudarte a entenderla.

cuento   Julia escribe un **cuento** para sus amigos.

A

adiós   Su amigo dijo **adiós** al despedirse.

algo   ¿Hay **algo** que no te guste hacer en la playa?

años   Mi papá tiene 43 **años**.

así   **Así** es nuestra tina de baño.

baila

B

baila   La niña **baila** en la fiesta de cumpleaños.

257

cocinar

casi   El jarro está **casi** lleno de canicas.

cocinar   A mi papá le gusta **cocinar** los domingos.

cuarto   Nuestro **cuarto** tienen dos camas.

cuarto

cuento   Julia escribe un **cuento** para sus amigos.

cuidado   Ella levanta al conejo con mucho **cuidado.**

demasiado   El aro está **demasiado** alto.

desierto   En el **desierto** hay arena y hace calor.

diferentes   Mis guantes son **diferentes**.

diferentes

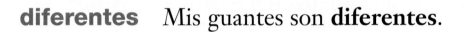

especial   ¡Hoy es un día **especial**!

familia   En mi **familia** somos cuatro.

frente   La bandera está **frente** a la escuela.

frente

259

hielo   A Laura le gusta patinar sobre el **hielo**.

hocico   El **hocico** del perro es de color negro.

igual

igual   Una docena es **igual** a doce.

miedo   Mario lee cuentos de **miedo**.

miel   La **miel** es dulce.

monerías   El payaso hace **monerías**.

mundo   El **mundo** es un lugar maravilloso.

néctar   Las abejas se alimentan de **néctar**.

nieve   La **nieve** cae en invierno.

nuestro   **Nuestro** jardín es muy grande.

parece   Mi mamá se **parece** a mi abuela.

persona

persona   ¿Cuál es la **persona** con más libros?

piensa   **Piensa** y escribe el resultado correcto.

piensa

río   Los osos pescan en el **río**.

ruido   Mi bicicleta hace mucho **ruido**.

suave   La oveja es **suave** al tacto.

suenan   Las campanas de la torre no **suenan** nunca.

sueños   Al despertar no recuerdo mis **sueños**.

Tierra   Nosotros vivimos en el planeta **Tierra**.

veterinaria   La **veterinaria** atiende a los animales.

vuela   La pelota **vuela** sobre la red.

vuela

263

Acknowledgments

For permission to translate/reprint copyrighted material, grateful acknowledgment is made to the following sources:

Baronian Books: Illustration by Gabriel from "Bears" in *Animal Trunk: Silly Poems to Read Aloud* by Charles Ghigna. Illustrations copyright © 1998 by Rainbow Grafics Intl-Baronian Books, Brussels.

Crown Publishers, Inc.: *Me on the Map* by Joan Sweeney, illustrated by Annette Cable. Text copyright © 1996 by Joan Sweeney; illustrations copyright © 1996 by Annette Cable.

Charles Ghigna: "Bears" from *Animal Trunk: Silly Poems to Read Aloud* by Charles Ghigna. Text copyright © 1999 by Charles Ghigna.

Dorling Kindersley Ltd., London: *Busy Buzzy Bee* by Karen Wallace. Copyright © 1999 by Dorling Kindersley Limited, London.

HarperCollins Publishers: "Little Bear and Emily" from *Little Bear's Friend* by Else Holmelund Minarik, illustrated by Maurice Sendak. Text copyright © 1960 by Else Holmelund Minarik; illustrations copyright © 1960 by Maurice Sendak.

Elizabeth M. Hauser: "Our Cat" from *Rhymes About Us* by Marchette Chute. Text copyright 1974 by E.P. Dutton.

McIntosh & Otis, Inc.: Illustration by Ed Young from *Cats Are Cats*, compiled by Nancy Larrick. Illustration copyright © 1988 by Ed Young. Published by Philomel Books.

National Wildlife Federation: "Our Homes Are Holes" from *Your Big Backyard* Magazine, July 1999. Text copyright 1999 by the National Wildlife Federation.

The Owl Group: "Visit the Robot Zoo" from *Chickadee* Magazine, Jan./Feb. 1998. Text © 1998 by Bayard Press.

Photo Credits

Key: (t)=top; (b)=bottom; (c)=center; (l)=left; (r)=right
Page 29, Tom Sobolik / Black Star; 61, Black Star; 66, Roger Ressmeyer / Corbis; 118, Dale Higgins; 119, Hector Amezquita / Black Star; 144, 145, Black Star; 220, D. Thompson / Earth Scenes; 221, Bruce Coleman Collection; 222, NHPA; 223, DK Publishing; 224-225, John Shaw / Bruce Coleman Collection; 225, NHPA; 227(t), Bruce Coleman Collection; 228-229, Bruce Coleman Collection; 231, D. Thompson / Earth Scenes; 240, Hans Reinhard / Bruce Coleman Collection.

Illustration Credits

Richard Cowdrey, Cover Art; Brenda York, 4-7; Holly Keller, 10-29; Ed Young, 30-31; Jo Lynn Alcorn, 32-33, 150; Liz Callen, 34-35, 97, 152-153; Annette Cable, 38-65; Christine Mau, 94; Jo Lynn Alcorn, 95; John Hovell, 95, 183, 246; Gerardo Suzan, 100-119; C.D. Hullinger, 120-121; Stacy Peterson, 122; Dagmar Fehlau, 126-145; Steve Björkman, 151, 181; Linda Townshend, 184-185, 212, 214; Maurice Sendak, 186-209; Gabriel, 210-211; Clare Schaumann, 213, 249; Eldon Doty, 215; Ethan Long, 247.

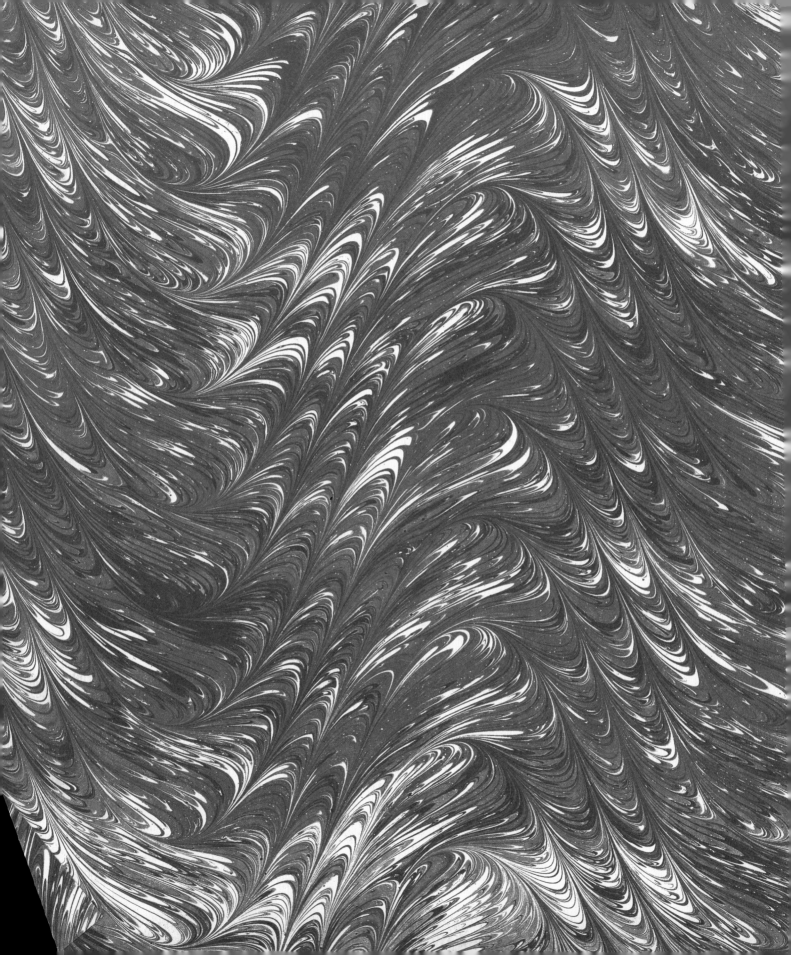